ÍNDICE

1. El ABC de los activos digitales   5

- Como nacen la criptomodenas: Bitcoin   7
- Blockchain   10
- Otras criptomonedas   12
- NFT (Non-Fungible Token)   14

2. Crypto wallets   17

- Cosa sono i wallets   19
- Tipologias de wallets   20
- MetaMask   22
- Phantom   22
- Trust Wallet   22
- Seguredad de los wallets   24

3. Casa de cambios descentralizadas   25

- DeFi   27
- Qué son las casas de cambio   29
- Las casas de cambios centralizadas   30
- Las casas de cambios decentralizadas   33

4. El futuro de la economía cripto 37

- Proyecciones futuras – criptomodenas 39

- Proyecciones futuras – NFT 40

- Staking 41

- Yield Farming 42 -

   Launchpad 42

1. El A B C de los activos digitales

COMO NACEN LAS CRIPTOMONEDAS:

BITCOIN

Lo que llamamos **activos digitales** son recursos que existen en formato digital y que una persona tiene derecho a utilizar.

Entre ellos, podemos distinguir las **criptomonedas** y los **tokens**: la principal diferencia entre estos dos es que las criptomonedas se basan en su propia cadena de bloques, mientras que los tokens se construyen en cadenas de bloques de terceros. Sin embargo, en general, el término token se utiliza para describir cualquier activo digital.

La primera moneda digital de la historia se llama eCash. Se creó en 1983 por David Chaum, un informático y criptógrafo pionero en criptografía y tecnologías de preservación de la privacy.

En su whitepaper, es decir, un documento oficial que ofrece a los inversores información técnica sobre un proyecto, estableció el primer protocolo de lo que llamamos blockchain, un protocolo que se detallaría en 2008.

El 31 de octubre de 2008, **Satoshi Nakamoto** (seudónimo) publicó el whitepaper de **Bitcoin**, "Bitcoin: a Peer-to-Peer Electronic Cash System", en el que se definen todos los detalles de esta singular moneda digital y descentralizada.

¿Por qué descentralizada?

El dólar, el euro, la libra y todas las demás monedas que utilizamos a diario en nuestro país se denominan "moneda de curso legal" o "moneda fiduciaria".

Esto significa que son monedas sin valor intrínseco, que es fijado por un gobierno o una institución financiera y que, dependiendo de la estabilidad del gobierno pero también de otras funciones financieras, como la inflación, puede variar.

Así, sabemos que 1 euro, en el momento en que estoy escribiendo este libro, vale 0,88 dólares.

Por otro lado, hablamos de "moneda descentralizada" cuando nos encontramos ante una moneda que no necesita que un tercero, como un gobierno o un banco, defina su valor.

Por el contrario, es casi lo contrario: su valor está definido socialmente y Bitcoin puede representar el oro 2.0.

El oro tenía, y sigue teniendo, un valor intrínseco, definido por varias características pero principalmente por su escasez, y se protege y preserva como recurso nacional.

Transacciones digitales

Cuando hacemos una transacción de dinero en internet, necesitamos que una institución financiera garantice la validez de esa transacción específica.

Esto evita un problema conocido como doublespending, una frauda en la que la misma cantidad de dinero se utiliza dos veces.

Pongamos un ejemplo para entenderlo mejor: cuando vamos de compras y pagamos en la caja con 20 dólares, ese mismo dinero no se puede gastar en ningún otro sitio.
Sin embargo, cuando pagamos 20 dólares con una tarjeta de crédito, todos los códigos de identificación de esa transacción pueden copiarse y, sin ningún control, podrían gastarse "en otra ocasión". Para que esto no ocurra, un banco, de forma muy simplificada, comprueba cuánto dinero tienes en tu cuenta, cuánto pagas y certifica el pago realizado.

¿Cómo evitar este problema sin un tercero?

Por el propio protocolo con el que nace Bitcoin, no necesitamos que esté centralizado.

BLOCKCHAIN

Satoshi Nakamoto creó el sistema **blockchain** de Bitcoin, que consiste en una serie de bloques en los que se escriben los datos de las transacciones, que luego formarán parte de un libro de contabilidad, llamado ledger, público para todos los usuarios.

Dentro de cada bloque hay cierta información certificada por un **hash**, es decir, una huella digital, asociada a un **nonce**, "number only used once", número utilizado una vez, que hace que la transacción sea única.

Todas las nuevas transacciones se transmiten a todos los nodos y se dividen en bloques. Cada nodo procesa una **Proof of Work** (**PoW**), es decir, un protocolo de verificación que define que todas las transacciones anteriores no se han gastado: es el protocolo que sustituye al consentimiento de un tercero.

El protocolo hash utilizado por la moneda Bitcoin se llama SHA-256 y sólo genera una huella digital única.

Cuando todos los nodos aceptan el bloque, las demás transacciones se procesan y se colocan en un nuevo bloque. El proceso descrito aquí comienza de nuevo.

Cada bloque está vinculado al anterior, lo que hace difícil modificar y "engañar" una transacción, ya que todos los demás bloques tendrían que ser modificados.

La cadena de bloques se hace pública y este sello de tiempo permite que el libro de contabilidad se actualice cada 10 minutos.

Cualquiera puede consultar el libro de contabilidad para verificar las transacciones realizadas: normalmente, cuanto más larga es la cadena de bloques, más fuerte es.

Mining

La emisión de Bitcoins está controlada por un pequeño código de programación, que rige todo el algoritmo, y que define un número máximo de **21 millones** de Bitcoins emitidos y por emitir.

En los cuatro años transcurridos entre 2009 y 2013, se emitieron 10,5 millones de Bitcoins. Esta cifra se reduce a la mitad cada cuatro años, por lo que se llegará a la extracción total de estas monedas.

La minería es el proceso por el que pasan millones de ordenadores en todo el mundo para resolver bloques de transacciones, llamados "minas", que son complejos cálculos matemáticos de los que se extraen pequeños porcentajes de Bitcoins.

Los nodos son un grupo de usuarios, llamados **miners**, que realizan este trabajo.

OTRAS CRIPTOMONEDAS

El Bitcoin es la moneda más conocida y popular y, de hecho, muchos nuevos inversores buscan comprarla, pero desde 2008, muchas otras criptomodenas, llamadas altcoins, o monedas alternativas, han florecido a su paso.

Estudiemos algunos de los más interesantes:

Ethereum

Ethereum es una plataforma que está teniendo mucho éxito, principalmente por la posibilidad de comprar NFTs (Non-Fungible Tokens) con ella y porque permite construir diferentes tipos de aplicaciones descentralizadas, o Dapps.

Ya en su preventa, en 2014, tuvo mucho éxito, para quedar inactivo durante unos años. Además, es interesante porque ha tenido varias etapas:

- Ethereum 1.0 (2014): utilizaba la misma blockchain que Bitcoin, basada en Proof of Work.

- Ethereum 2.0 (2020): utiliza un nuevo mecanismo más rápido, llamado Proof of Stake (PoS), por el que la validez de la transacción se verifica cuando un usuario demuestra que posee una determinada cantidad de monedas.

Solana

Solana nació en 2017 y es una plataforma blockchain que soporta aplicaciones descentralizadas y escalables.
Se basa en un nuevo algoritmo, llamado **Proof of History** (**PoH**), que no depende de la confianza en la marca de tiempo de la blockchain para ser verificada,

sino que simplemente produce una salida que calcula y determina cuándo se completó el evento, relacionándolo con un evento anterior y otro posterior.

Polygon (MATIC)

En 2017, una empresa llamada MATIC creó Polygon, una moneda muy importante porque está respaldada por un equipo de expertos y centrada en la seguridad, la privacy y la velocidad. Es un token de Ethereum que utiliza **side-chains**, es decir, cadenas de bloques paralelas a las de Ethereum y que, por esta razón, funcionan más rápido.

Polygon también utiliza el protocolo Proof of Stake y ofrece más o menos las mismas posibilidades que Ethereum, pero con tarifas que suelen ser más baratas.

NON-FUNGIBLE TOKEN (NFT)

Los **NFTs** (**N**on-**F**ungible **T**okens) son una evolución del concepto de criptomoneda.

Son activos, es decir, recursos digitales y criptográficos que representan activos físicos, que pueden combinarse con otros beneficios, como los smart contracts, y que se identifican en la blockchain con un código único que los diferencia entre sí.

La forma en que se han creado las NFT hace que su potencial sea teóricamente infinito, cuando se amplía a través de otras características.

A diferencia de las criptomonedas, no se pueden negociar porque son equivalentes. En realidad, mientras que un token fungible, como una moneda digital, puede cambiarse por otro y utilizarse como medio de transacción comercial, lo mismo no es posible con las NFT.

Una de las ideas con las que estas fichas podrían cambiar el mundo tal y como lo conocemos hoy es la posibilidad, por ejemplo, de identificar un recurso físico como una casa en venta o una obra de arte como perteneciente a una persona concreta.

Esto eliminaría la intermediación de un agente, en el caso de un artista, o de un realtor, un agente inmobiliario, en el caso de un inmueble, permitiendo que la identidad y la propiedad del token en cuestión se identifiquen por su propia existencia.

Lo mismo podría hacerse, por ejemplo, con los relojes antiguos, muchos de los cuales suelen ser falsificados. En este caso, es posible identificar, mediante un NFT, la calidad real del producto y el cambio de propiedad.

> Las NFT cambian el paradigma con el que nació la criptomoneda: cada token es único e insustituible.

Cómo comprar una NFT

Para comprar NFTs necesitamos utilizar una blockchain, normalmente la de Ethereum.

El proceso es muy sencillo:

1. En primer lugar, identifique el sitio donde comprar la NFT: recuerde que hay muchos sitios de estafa, así que tenga cuidado de no ser estafado.

2. Conecta tu wallet al sitio (uno de los más fáciles de usar es MetaMask y lo veremos en el próximo capítulo).

3. Usted paga la "gas fee", la tasa de gas, que es el impuesto sobre la transacción y la compra que está realizando: esta transacción puede variar según el sitio que utilice.

4. Selecciona la NFT y cómprala.

Hay dos formas de comprar:

- Precio fijo;

- Subasta: los usuarios que quieran comprar una NFT tienen que hacer una apuesta y la más alta gana.

Qué buscar en un NFT

¿Cómo sabemos que una NFT tendrá éxito y podrá, con el tiempo, ser invertida, es decir, vendida a otros usuarios?

Hay varios puntos a tener en cuenta que identifican la calidad en el proyecto:

1. Equipo: lo primero que hay que estudiar antes de invertir en una NFT es el equipo que hay detrás; un proyecto de este tipo debe tener una página web o un

perfil social en el que se indiquen los perfiles de los miembros que la han desarrollado.

2. Roadmap: el proyecto debe tener una trayectoria definida que pueda evolucionar en el futuro; recuerde que busca proyectos que puedan ser rentables con el tiempo.

3. Arte: en realidad, el arte es el último elemento que hay que tener en cuenta; de hecho, hay proyectos que ofrecen tantas ventajas y tienen una proyección de futuro tan clara que el estilo y la estética pasan a un segundo plano.

2. Crypto Wallets

CRYPTO WALLET

Si ya estás familiarizado con el mundo de las criptomonedas, sabrás que para comprarlas y venderlas, necesitas tener un perfil, un account en una de las muchas plataformas de comercio que existen, también llamadas plataformas de intercambio (exchange).

Estas plataformas pueden ser vulnerables a la piratería informática y por esta razón, pero también para diversificar tu inversión, es importante que tengas un wallet.

Un **wallet** es un servicio o programa que permite transferir y depositar, pero también enviar y recibir, criptomonedas y es altamente seguro.

En realidad no contiene tu moneda digital, sino la información de la clave pública y privada que te permite acceder a ella y realizar transacciones.

Las **claves públicas** funcionan como una tarjeta de crédito: son una larga lista de caracteres alfanuméricos aleatorios que puedes compartir con alguien para intercambiar criptomonedas, sin poner en riesgo tu cartera.

Las **claves privadas**, por otro lado, deben seguir siendo privadas, porque son los códigos que te permiten acceder a tu criptomoneda real en la cadena de bloques.

TIPOLOGÍAS DE WALLETS

Todos los wallets sirven para **recibir** transacciones, por lo que tienes que compartir tu clave pública o código QR con la persona que tiene que enviártelas, o puedes **enviar** los fondos a través de la clave pública del wallet del beneficiario.

Hay diferentes carteras de criptomonedas, algunas más seguras que otras.

Hosted wallet

Los **hosted wallets** son monederos "alojados" en plataformas de intercambio y también se denominan erróneamente exchange wallet. Es muy importante no confundir ambas cosas.

Estos wallets están limitados porque es la plataforma o el sitio de intercambio el que protege tu clave privada, por lo que puede ser más fácilmente hackeable, y luego no puedes usar la criptomoneda dentro de este wallet al 100% haciendo ciertas compras, como comprar NFTs.

Non-custodial wallet

Un non-**custodial wallet** o **software wallet** es un wallet externo a las plataformas de intercambio y ofrece mucha más libertad de compra que los anteriores.

En este caso, tienes el control total de tu clave privada, por lo que debes tener cuidado de no olvidarla ni compartirla con nadie.

Dentro de los non-custodial wallets, podemos distinguir:

- **Web-based wallet**: son wallets disponibles como extensiones del navegador (Chrome, Firefox, etc...) y son muy fáciles de usar;

- **Desktop wallet**: wallets que se pueden descargar en el ordenador;

- **Mobile wallet**: wallets que permiten controlar todo directamente desde el teléfono.

Hardware wallet

Los **hardware wallets**, **cold** o **cold storage wallets**, son monederos físicos. Son como memorias USB que contienen la clave privada que necesitas para acceder a ellas.
Son muy seguros porque no tienen conexión a Internet, por lo que ningún hacker tiene acceso a tu wallet sin poseer físicamente la llave.

METAMASK

Metamask es un wallet que funciona tanto como un mobile wallet, por lo que se puede utilizar desde una aplicación en el teléfono móvil, pero también es un desktop wallet, es decir, se puede añadir a Chrome con un solo clic.

Está construida sobre la red Ethereum y, por tanto, no solo permite comprar, vender y almacenar criptomonedas, sino que también está asociada a smart contracts y da la posibilidad de utilizar aplicaciones descentralizadas.

También es una cartera muy fácil de usar e inteligente, ya que no sólo guarda tu clave privada sino que también te dice con un espía qué sitios son maliciosos.

PHANTOM

Phantom también es un web-based wallet fácil de usar y seguro basado en la blockchain de Solana. También se utiliza para proteger, recibir, enviar, recoger e intercambiar tokens digitales.

TRUST WALLET

Trust wallet es uno de los mejores wallets descentralizados y, al igual que otros wallets, no almacena físicamente tus tokens sino que contiene toda la información que necesitas para introducirlos.

Forma parte de los mobile wallets, por lo que se utiliza y se puede descargar en el teléfono móvil, y también ha sido adquirido por Binance.

No sólo contiene nuestras claves privadas, sino que nos permite bakcup, es decir, guardar, toda la información de todos nuestros wallets, incluidas las recovery seeds, una lista de palabras, entre 12 y 24, que permiten acceder a un wallet.

SEGURIDAD DE LOS WALLETS

Como las criptomonedas están descentralizadas, no hay ningún tercero que pueda controlar la estructura y su seguridad.

Aunque se supone que el mundo financiero avanzará hacia el uso global y autorizado de estas monedas, esto es todavía especulativo hoy en día, por lo que la seguridad de las diferentes plataformas y wallets reside en el código fuente, es decir, en la lista de órdenes ejecutadas por un determinado programa, y en el sentido común del usuario.

Los sitios y plataformas de intercambio más importantes están creados con varios puntos de acceso y servidores, distribuidos físicamente en diferentes zonas, lo que dificulta el trabajo de un hacker.

La propia posibilidad de encontrar grandes fondos en los wallets digitales -con lo que nos referimos a todos los wallets de los que hemos hablado hasta ahora- es una oportunidad demasiado suculenta como para no intentar algunos ataques, y de hecho estos delincuentes del mundo digital han creado con el tiempo medios de fraude cada vez más sofisticados para acceder a estas plataformas, y es de suponer que seguirán buscando nuevas grietas.

Para reducir los riesgos de tu seguridad, puedes insertar tu firma digital para asegurarte de que es tu remitente o beneficiario de una transacción, o puedes utilizar la autenticación biométrica para acceder fácilmente a tus dispositivos colocando tu dedo.

3.

Casa de cambios decentralizadas

DEFI

El término DeFi, Finanzas Descentralizadas, se refiere a toda la gama de aplicaciones y protocolos financieros que no necesitan el apoyo de un tercero financiero o gubernamental, como un banco. Es una financiación abierta y global, basada en la experiencia y la evolución de la tecnología y la informática.

Con el fin de que los servicios financieros sean posibles y accesibles para el mayor número de personas, MakerDAO, quizás el primer proyecto de DeFi, creó una plataforma para realizar y solicitar préstamos en monedas virtuales.

Este proyecto se construyó sobre las monedas DAI y MKR, que funcionan respectivamente como una moneda 1:1 con el dólar estadounidense y como una comunidad de personas que tienen monedas MKR y que pueden controlar y aprobar los cambios dentro del protocolo mediante votación.

Una de las características más interesantes de este conjunto de proyectos es la posibilidad de realizar transacciones seguras a través de smart contracts, que se llaman automated market maker (AMM), que codifican cláusulas y concluyen relaciones contractuales mediante la verificación de determinadas condiciones.

Estos contratos son autónomos y automatizados, gestionados por un ordenador, y ésta es también una de las razones por las que son completamente independientes de los desarrolladores de las distintas plataformas financieras descentralizadas existentes.

En 2020, estas plataformas experimentaron un gran auge, hasta el punto de que dos de las mayores instituciones financieras centralizadas, Visa y Mastercard, están desarrollando la idea y la posibilidad de interactuar con las criptomonedas.

Liquidity pool

Un fondo de liquidez, liquidity pool, es un conjunto de fondos encerrados en smart contracts y es fundamental para muchos intercambios descentralizados.

Los usuarios que llamamos proveedores de liquidez, del inglés liquidity provider o LP, colocan un valor igual de dos tokens en este pool y a cambio de ello reciben comisiones de negociación por las operaciones realizadas en el pool, que se calculan poniendo su parte en proporción a la liquidez total.

El concepto de pool de liquidez es también la base de las plataformas de yield farming, que veremos más adelante, pero que en pocas palabras son aquellas en las que los usuarios añaden fondos a los pools que se utilizan para generar rendimientos, y el liquidity mining, es decir, los usuarios depositan tokens en el pool de liquidez y a medida que se emiten nuevos tokens, estos se distribuyen a los proveedores según su cuota individual.

QUÉ SON LAS CASAS DE CAMBIOS

Hay cientos, incluso miles, de criptomonedas en las que invertir, pero la mayoría de ellas no son muy provechosas. Las menos conocidas, en particular, sufren de volatilidad imprevisible. Si el precio de Bitcoin y Ethereum, que son dos de las monedas más estables, es volátil, imagina lo volátil que puede ser el precio de una moneda pequeña o de nueva creación.

Para que los inversores puedan elegir con conocimiento de causa, hay galerías enteras de artículos, vídeos y tutoriales sobre las monedas más populares e importantes para ayudar a mantenerse al día.

Tampoco es extraño que, ante cualquier cambio repentino en este mundo, se elaboren estudios en vídeo por parte de expertos en la materia, que definirán la situación y publicarán su análisis cerca de la noticia en cuestión.

En resumen, tienes muchos recursos a los que recurrir para tomar la decisión correcta.

Las plataformas que permiten comprar e intercambiar criptomonedas se dividen en dos tipos:

- CEX, Centralized Exchanges, que son plataformas de negociación en línea que conectan a compradores y vendedores a través de sus propios libros de órdenes y actúan como corredores en línea;

- Dex, Decentralised Exchanges, que son protocolos financieros autónomos y funcionan a través de smart contracts.

LAS CASAS DE CAMBIOS CENTRALIZADAS

Entre los muchos intercambios CEX, centralizados, reconocidos tenemos Coinbase, Binance, Kraken y otros.

En este caso, hay una impresa específica que conectan a dos personas: una que quiere vendere y otra que quiere adquirir, por lo que es la empresa la que tiene el control de tus fondos.

Muchas de estas plataformas ofrecen diferentes tipos de wallets para almacenar tu dinero, pero poco a poco van añadiendo más opciones a medida que este mercado se hace más y más popular.

En general, nunca se recomienda comprar, vender, comerciar desde una sola plataforma y con un solo wallet, y de hecho lo mejor es diversificar los ingresos. Por ello, hacemos un rápido análisis de las plataformas mencionadas al principio del capítulo:

- Coinbase;

- Binance;

- Kraken.

Coinbase

Todos los que invierten en criptomonedas se encuentran con Coinbase, una plataforma estadounidense que permite comprar, vender y almacenar Bitcoin, Ethereum, Solana y más de 30 criptomonedas en general.

Normalmente, cuando una moneda llega a esta plataforma, significa que ha ganado definitivamente una buena autoridad.

Al comprar y vender monedas, Coinbase cobra una comisión, que varía en función de varios factores.

Hay dos tipos de account, un account normal y un account Pro, por lo que las comisiones de transacción de ambas difieren. También cambian en función del tipo de pago que ofrezcas, por ejemplo, con tarjeta de crédito o débito, y también cambian en función de la cantidad de dinero que inviertas.

Por ejemplo, si invierte hasta 10.000 euros, tu impuesto es del 0,50%, mientras que después de 10.000 euros baja al 0,35%.

De nuevo, cada transacción puede ser diferente de la anterior en función de todos estos factores.

Binance

Esta plataforma nació en Hong Kong en 2017, con un enfoque y atención a las altcoins, es decir, monedas alternativas al Bitcoin, pero se trasladó al año siguiente a Malta debido a las fuertes restricciones económicas de China.

Binance permite intercambiar criptomonedas con otras criptomonedas y con tokens virtuales y ofrece tarifas de transacción relativamente bajas en comparación con otras plataformas.

Binance sirve para comerciar e invertir en criptomonedas, pero también para lanzar tus propios tokens a través de recaudaciones de fondos llamadas ICOs, o Initial Coin Offerings, y también permite hacer trading.

Kraken

Kraken, a diferencia de Binance y Coinbase, es una plataforma sólo de intercambio y, por tanto, pone en contacto a dos personas: una que quiere vender sus tokens y otra que quiere comprarlos.

Al igual que las dos plataformas anteriores, no es un wallet sino que permite asociarlo, tanto el usuario que vende como el que compra deben estar verificados y todas las actividades son gestionadas por ellos.

LAS CASAS DE CAMBIOS DECENTRALIZADAS

En los intercambios descentralizados, a diferencia de los centralizados, las transacciones pueden realizarse peerto-peer (p2p), es decir, entre los usuarios, sin necesidad de un intermediario gracias al hecho de que el protocolo automatizado de DEX permite que la oferta y la demanda del mercado se encuentren fijando el precio según un cálculo matemático.

Siendo decentralizados, los usuarios no tienen que confiar sus fondos a una empresa externa, así que no ofrece servicios de hosted walet.

Estas plataformas suelen ser más seguras que las centralizadas, ya que no guardan tus claves, por lo que hay pocas posibilidades de que los hackers las roben, y no necesitas compartir tu identidad. De hecho, todo lo que tienes que hacer es conectar tu wallet y firmar la transacción.

Gracias a las plataformas descentralizadas, se pueden utilizar smart contracts, Dapps y todo lo que forma parte de DeFi, incluidos los NFT.

Entre las plataformas de intercambio descentralizadas se encuentran:

- UniSwap;

- PancakeSwap;

- SushiSwap.

UniSwap

UniSwap es un intercambio descentralizado basado en la red Ethereum creado en 2017 por Hayden Adams , ingeniero mecánico, y Vitalik Buterin, creador de Ethereum.

Se lanzó en 2018 y en 2020 ya obtuvo un gran éxito: ahora es, de hecho, la plataforma DEX con mayor volumen diario, lo que significa que es utilizada cada día por un número muy elevado de usuarios.

UniSwap no es sólo un exchange sino también un token nativo del sistema, llamado UNI, funciona gracias a smart contracts y es un proyecto sin ánimo de lucro, de hecho todas las gas fees que se pagan para realizar transacciones se reparten entre los proveedores de fondos, es decir, aquellas personas que invirtieron en el proyecto.

PancakeSwap

Hacia finales de 2020, un equipo anónimo creó la plataforma de intercambio descentralizada PancakeSwap y la desarrolló sobre la Binance Smart Chain, el wallet oficial de criptomonedas de Binance.

Esta plataforma combina el juego con el mundo de los smart contracts, los NFT y el intercambio descentralizado, y además lo asocia con una sala de chat donde los miembros juegan de forma productiva las 24 horas del día.

Por lo tanto, el token CAKE se utiliza en todos los sistemas de juego ofrecidos en la plataforma y se caracteriza por una suplantación potencialmente infinita.

SushiSwap

SushiSwap es un software que se ejecuta en Ethereum y permite la compra y venta de activos criptográficos a través de un fondo común.

Esta plataforma DEX también dispone de una criptomoneda llamada SUSHI, que desempeña un papel clave en el mantenimiento y funcionamiento de su red y permite a cualquier persona que posea el token proponer cambios en el software y votar los de otros usuarios.

SushiSwap nació como una fork de UniSwap y este término, en este caso, indica que se han realizado cambios dentro de su protocolo para mejorarlo: entre ellos, ofrecer mayores incentivos a los proveedores de liquidez.

Esta táctica ha tenido tanto éxito que el 90% de algunos grupos de UniSwap se han pasado a SushiSwap.

4. El futuro de la economía cripto

PROYECCIONES FUTURAS - CRIPTOMONEDAS

El mundo avanza hacia el uso cada vez más legalizado de las monedas digitales, pero estamos muy lejos de ese futuro y, además, hoy no es posible saber qué criptomonedas sobrevivirán.

La popularidad de las criptomonedas ha crecido tanto en los últimos años que muchos inversores han podido alcanzar cotas financieras excepcionales.

El Bitcoin es la moneda más importante o, al menos, la más conocida, pero uno de los principales problemas de los escépticos de este sector es que las criptomonedas no tienen actualmente ningún reconocimiento gubernamental.

A los escépticos se oponen algunos países, como El Salvador, que ha permitido el uso de Bitcoin como moneda de curso legal y al que se espera que sigan otros países en los próximos años.

Ethereum también es una moneda que está teniendo mucho éxito, sobre todo por la fuerte publicidad que recibe del mundo NFT, tanto que algunos creen que pronto desbancará a Bitcoin.

En cuanto al precio, el del Bitcoin sigue siendo muy volátil, pero se supone que llegará a los 100.000 dólares y, en realidad, algunos esperan que alcance los 250.000 dólares ya en 2022.

Por lo tanto, nos enfrentaremos a la volatilidad a corto plazo, que luego dará lugar al crecimiento a largo plazo.

PROYECCIONES FUTURAS - NFT

Al igual que con las criptomonedas hay confiados y escépticos, lo mismo ocurre con las NFT.

Los NFT forman parte de los coleccionables, es decir, de los objetos digitales de colección basados en la escasez, la rareza y otros algoritmos que crean colecciones únicas para los entusiastas de los activos digitales.

Como he mencionado antes, las NFT se están orientando cada vez más hacia un uso práctico porque nos permiten replantear el concepto clásico de propiedad.

Al igual que en el mundo de los negocios el blockchain sustituiría a los contables y abogados, permitiendo transacciones más seguras y rápidas, las NFT pueden cambiar todo lo relacionado con la transferencia de la propiedad de un objeto físico que pueda ser identificado digitalmente: cualquier cosa, en realidad, puede convertirse en digital.

INGRESOS PASIVOS

El mundo de las criptomonedas está abierto a diferentes formas de obtener ingresos pasivos que no sean sólo la inversión, y de hecho han surgido nuevas formas, nuevas aplicaciones y nuevas plataformas que siguen creciendo.

Entre las principales y nuevas tecnologías, que utilizan tanto los principiantes como los expertos, podemos distinguir:

- Staking;

- Yield Farming;

- Launchpads.

STAKING

El staking es la forma en que muchas criptomonedas verifican sus transacciones, y permite a los participantes ganar recompensas por sus participaciones.

Está disponible con las criptomonedas que utilizan el modelo de Proof of Stake (PoS) para procesar los pagos.

El staking puede ser una gran manera de utilizar tu cripto para generar ingresos pasivos, especialmente porque algunas criptomonedas ofrecen altas tasas de interés por el staking.

YIELD FARMING

El yield farming se conoce como liquidity mining y es un mecanismo para ganar dinero utilizando fondos de criptomonedas.

Lo que permite es bloquear criptomonedas para recibir recompensas.

Desde cierto punto de vista, puede compararse con el staking. Sin embargo, es mucho más complejo y los inversores tienden a mover sus fondos de un protocolo a otro.

En muchos casos, se trata de usuarios denominados liquidity providers (LP) o proveedores de liquidez, que añaden fondos a los pools de liquidez.

LAUNCHPAD

Las plataformas de crypto launchpads, a menudo denominadas plataformas IDO, Initial DEX Offering, son plataformas para el lanzamiento de nuevas monedas, proyectos de criptomonedas y la obtención de liquidez.

Son la próxima gran cosa del mundo digital, específicamente en términos de finanzas descentralizadas.

Una IDO es una plataforma de crowdfunding para cualquier nuevo proyecto lanzado en una plataforma de intercambio descentralizada (DEX) utilizando monedas o tokens.

Tienen un enfoque del proyecto basado en la cadena de bloques y pueden contribuir personas de diversos orígenes.

Las plataformas de lanzamiento proporcionan a los inversores habituales acceso a oportunidades que antes sólo estaban disponibles para los inversores de capital riesgo y otros inversores a gran escala.

Sin embargo, hay dos razones sólidas por las que podría querer invertir en un proyecto de plataforma de lanzamiento:

- La primera es que quiere tener acceso a los proyectos;

- La segunda es porque crees que el token nativo de la plataforma de lanzamiento tendrá éxito.

www.ingramcontent.com/pod-product-compliance
Lightning Source LLC
Chambersburg PA
CBHW030043230526
45472CB00005B/1651